ESQUISSES HISTORIQUES

DE

LA RÉVOLUTION,

PAR

M. AMÉDÉE THOMAS-LATOUR,

Ancien magistrat.

TOULOUSE,

JOUGLA, Libraire, || DELBOY, Libraire,
Rue Saint-Rome, 46. || Rue de la Pomme, 71.

1851.

LES FEMMES
PENDANT LA RÉVOLUTION.

ESQUISSES HISTORIQUES.

LES FEMMES
PENDANT LA RÉVOLUTION.

ÉPISODES
DES SÉANCES DU TRIBUNAL RÉVOLUTIONNAIRE, DU CONSEIL-GÉNÉRAL DE LA COMMUNE DE PARIS, DE LA SOCIÉTÉ DES JACOBINS ET DE LA CONVENTION.

PREMIÈRE PARTIE.

SOMMAIRE :

La Reine Marie-Antoinette. — Madame Rolland. — Olympe de Gouges. — Les jeunes filles de Verdun.

Je n'ai pas la prétention de faire des tableaux d'histoire ; mon ambition, dans ces Esquisses de la révolution, ne va pas au-delà de simples tableaux de genre. Heureux encore si je puis peindre fidèlement !

Je m'attache aux traits particuliers, dérobés aux annales de la terreur et qui ont été négligés par les historiens, préoccupés seulement des grandes péripéties révolutionnaires. A eux, la grande peinture murale, si l'on peut parler ainsi ; à nous, la peinture de petite dimension, ou si l'on veut les tableaux de chevalet.

Les femmes se montrèrent supérieures aux craintes ordinaires de leur sexe. Les premières victimes de la révolution donnèrent un noble exemple qui fut suivi ; et, sauf une seule, la trop célèbre comtesse Dubarry, pas une de ces infortunées ne donna des signes de faiblesse. Elles périrent, comme on mourait alors, avec courage.

Marie-Antoinette ouvrit cette marche funèbre ; et, sur la sellette, cette reine, autrefois adorée et devenue si malheureuse, fut digne de sa haute position. Tout le monde connaît les détails de son procès, et surtout sa belle et noble réponse à l'infâme outrage dont elle fut l'objet de la part du Père Duchêne, l'un des témoins accusateurs :

« J'interpelle, s'écria-t elle avec dignité, toutes les
» mères présentes, et, dans leur conscience, de décla-
» rer s'il en est une qui n'ait pas à frémir de pareilles
» horreurs. »

C'est ce qui fit dire à Robespierre, lorsqu'il l'apprit :
« Cet imbécile d'Hébert lui a fourni à son dernier mo-
» ment ce triomphe d'intérêt public !! » (1)

L'acte d'accusation, inspiré par le misérable Hébert, contenait cette abominable imputation. J'ai sous les yeux un exemplaire, en quelque sorte original, de ce document historique, puisqu'il est sorti de l'imprimerie du tribunal révolutionnaire, tel qu'il avait été rédigé et signé par Antoine-Quentin Fouquier contre Marie-Antoinette, dite Lorraine d'Autriche, veuve de Louis Capet.

Dans le cours des débats, tout lui fut reproché, jusques à un portrait au pastel, qu'elle avait fait faire

---

(1) Vilate, racontant ce trait, ajoute que Robespierre fut frappé de cette réponse comme d'un coup d'électricité, et cassa son assiette de sa fourchette. (CAUSES SECRÈTES DE LA RÉVOLUTION DU 9 AU 10 THERMIDOR, par Vilate, ex-juré au tribunal révolutionnaire de Paris.)

pendant sa détention à la tour du Temple. J'emprunte au *Mercure de France*, changé en *Mercure Français*, ce curieux incident :

« Le président à l'accusée : Depuis votre arrestation
» au Temple, ne vous êtes-vous pas fait peindre? » —
» Réponse : « Oui, je l'ai été au pastel. » — Le prési-
» dent : « Ne vous êtes-vous pas enfermée avec le pein-
» tre, et ne vous êtes-vous pas servie de ce prétexte
» pour recevoir des nouvelles de ce qui se passait dans
» les assemblées législatives et conventionnelles ? » —
» Réponse : « Non. » — Le président : « Comment nom-
» mez-vous ce peintre ? » — Réponse : « C'est Coëstier,
» peintre Polonais, établi depuis plus de vingt ans à
» Paris. » — Le président : « Où demeure-t-il ? » —
» Réponse : « Rue du Coq-St-Honoré. »

Il va sans dire que ce peintre fut arrêté et longtemps détenu, comme tous ceux qui avaient pénétré dans cette prison royale et qui s'étaient montrés humains.

Quelle précieuse relique aurait été ce pastel, s'il eût échappé aux inquisitions vandales des municipaux révolutionnaires, tels que le Père Duchêne et ses acolytes !!!

J'ai parlé ailleurs de Mme Elisabeth, la sainte Elisabeth de France, martyr de son dévouement à sa famille (1).

Après la reine, vinrent ensuite deux femmes dévouées aux principes de la révolution et qui partagèrent le sort de leurs amis de la Gironde. Ce furent Olympe de Gouges et Mme Roland, femme du ministre Girondin. Leur comparution devant le tribunal révolutionnaire fut aussi

---

(1) Nous renvoyons le lecteur à la page 80 de l'Histoire des *Dernières années du parlement de Toulouse*.

pour elles l'occasion d'un triomphe. La dernière surtout produisit une grande sensation par la défense qu'elle présenta. Elle l'avait écrite de sa main ; elle était empreinte du républicanisme des anciens temps, et les sentimens qu'elle y exprima n'eussent point été désavoués par Tacite lui-même.

Cette pièce se trouve en entier dans les premières éditions des *Mémoires d'un détenu*, de Riouffe, avec ce titre et la curieuse note qui le suit : « Défense de la citoyenne
» Roland, écrite de sa propre main. — La frivolité du
» siècle est telle, que cet écrit admirable a fait une mé-
» diocre sensation et a été très peu loué dans les jour-
» naux ; j'ai dit que Tite-Live en eût honoré les pages
» de l'histoire romaine. Je crois que la nôtre ne re-
» cueillera jamais de morceau plus brillant d'éloquence,
» de vertu et de républicanisme. »

On me saura gré de citer la péroraison de ce discours trop peu connu, et qui n'a pas été, je crois, reproduit dans les nombreux documens et mémoires publiés sur la révolution : « Je n'ai point dissimulé mes senti-
» mens, ni mes opinions. Je sais qu'une dame romaine
» fut envoyée au supplice, sous Tibère, pour avoir pleuré
» son fils. Je sais que, dans un temps d'aveuglement et
» de fureur d'esprit de parti, quiconque a le courage de
» s'avouer l'ami des condamnés ou des proscrits, s'ex-
» pose à partager leur infortune ; mais je méprise la
» mort, je n'ai jamais craint que le crime et je n'assure-
» rais pas mes jours au prix d'une lâcheté.

» Malheur au temps, malheur au peuple, où la force
» de rendre hommage à la vertu méconnue peut exposer
» à des périls, et trop heureux alors qui se sent capable
» de les braver ! »

L'immolation de ces trois femmes avait excité une commisération générale. On plaignait hautement leur sort; on frappait de réprobation leurs bourreaux, sinon publiquement, du moins en secret. Ces plaintes s'étaient fait jour, et un journal jacobin, *La Feuille du salut public*, crut devoir en prendre texte pour donner un avertissement aux républicaines, auquel le *Moniteur* donna une sorte de couleur officielle, en le répétant dans ses colonnes.

« *Aux républicaines* !

» En peu de temps, le tribunal révolutionnaire vient
» de donner aux femmes un grand exemple qui ne sera
» sans doute pas perdu pour elles ; car la justice, tou-
» jours impartiale, place sans cesse la leçon à côté de
» la sévérité.

» Marie-Antoinette, élevée dans une cour perfide et
» ambitieuse, apporta en France les vices de sa famille;
» elle sacrifia son époux, ses enfans et le pays qui
» l'avait adoptée aux vues ambitieuses de la maison
» d'Autriche, dont elle servait les projets, en dispo-
» sant du sang, de l'argent du peuple et des secrets du
» gouvernement. Elle fut mauvaise mère, épouse dé-
» bauchée, et elle est morte chargée des imprécations
» de ceux dont elle avait voulu consommer la ruine. Son
» nom sera à jamais en horreur à la postérité.

« Olympe de Gouges, née avec une imagination exal-
» tée, prit son délire pour une inspiration de la nature.
» Elle commença par déraisonner, et finit par adopter
» le projet des perfides qui voulaient diviser la France ;
» elle voulut être homme d'état, et il semble que la loi
» ait puni cette conspiratrice d'avoir oublié les vertus
» qui conviennent à son sexe.

» La femme Roland, bel esprit à grands projets, phi-
» losophe à petits billets, reine d'un moment, entou-
» rée d'écrivains mercenaires, à qui elle donnait des
» soupers, distribuait des faveurs, des places et de
» l'argent, fut un monstre sous tous les rapports. Sa
» contenance dédaigneuse envers le peuple et les juges

» choisis par lui, l'opiniâtreté orgueilleuse de ses ré-
» ponses, sa gaîté ironique, et cette fermeté, dont elle
» faisait parade dans son trajet du palais de justice à
» la place de la Révolution, prouvent qu'aucun souve-
» nir douloureux ne l'occupait. Cependant, elle était
» mère ; mais elle avait sacrifié la nature, en voulant
» s'élever au-dessus d'elle. Le désir d'être savante la
» conduisit à l'oubli des vertus de son sexe, et cet
» oubli, toujours dangereux, finit par la faire périr sur
» un échafaud.

« Femmes ! voulez-vous être républicaines ? Aimez,
» suivez et enseignez les lois qui rappellent vos époux et
» vos enfans à l'exercice de leurs droits ; soyez glorieu-
» ses des actions éclatantes qu'ils pourront compter en
» faveur de la patrie, parce qu'elles témoignent en vo-
» tre faveur ; soyez simples dans votre mise, laborieu-
» ses dans votre ménage ; ne suivez jamais les Assem-
» blées populaires avec le désir d'y parler ; mais que vo-
» tre présence y encourage quelquefois vos enfans.
» Alors la patrie vous bénira, parce que vous aurez
» réellement fait pour elle ce qu'elle a droit d'attendre
» de vous. »

Lorsqu'on commença à faire des fournées de condamnés, les femmes y eurent aussi leur part. Le 23 avril 1794 (4 floréal an II), trente-trois accusés comparurent devant le tribunal révolutionnaire. Ils étaient tous habitans de Verdun, tous furent condamnés, et, le soir même, les crieurs publics colportaient dans les rues le bulletin ordinaire ; ils proclamaient dans tous les carrefours et places publiques l'affaire des conspirateurs de Verdun ; suivant leur habitude, ils prononçaient d'une voix lugubrement retentissante leurs noms et leurs qualifications et terminaient par le texte de leur sentence :

« Tous, convaincus auteurs et complices des manœu-
» vres employées et des intelligences tendantes à livrer

» aux ennemis la place de Verdun, à favoriser le pro-
» grès de leurs armes sur le territoire français, ont été
» condamnés à mort, et seront exécutés demain, quar-
» tidi, 4 floréal de l'an deuxième de la République
» française, une, indivisible et impérissable. » Ils ajoutaient ironiquement : « Vendredi, 24 avril, vieux
» style ».

Ce sont les termes mêmes de la *liste des condamnés*, imprimée à cette époque, et qui se vendait chaque soir, après l'audience du tribunal révolutionnaire.

Dans le nombre de ces infortunés se trouvèrent les quatorze femmes qui inspirèrent à Riouffe de si touchantes expressions de regret. (1)

Mais si les femmes payèrent ainsi leur tribut à la révolution, et, si leur sang fut mêlé aux flots de sang qu'elle fit verser, elles fournirent aussi leur part d'agens de la Terreur, et ce ne furent pas les moins exaltés et les moins fougueux. Les tricoteuses à la tribune de la Convention et de la Société des Jacobins, les furies de la guillotine sont là pour l'attester. Théroigne de Méricourt fut l'héroïne des femmes révolutionnaires ; elle survécût aux grands événements où elle s'était fait un nom tristement historique ; mais elle y laissa la raison et mourut dans une maison d'aliénés.

(1) Elles sont rapportées à la page 77 des *Dernières années du Parlement de Toulouse.*

DEUXIÈME PARTIE.

SOMMAIRE :

Les femmes en bonnet rouge apostrophées par Chaumette. — Les tricoteuses de Robespierre aux Jacobins et à la Convention. — Les Furies de la guillotine au 1er prairial.

Un spirituel physiologiste a dit : « Que la femme était » la partie nerveuse de l'humanité. » Ce mot est vrai, et, certes, elle en est bien la plus impressionable. Aussi les femmes du peuple furent-elles mêlées à toutes les grandes scènes de l'époque révolutionnaire ; elles ne manquèrent pas non plus dans les scènes de détail et ce furent même elles qui désertèrent presque les dernières le jacobinisme. Dans le principe, on voulut les écarter des affaires publiques ; et Chaumette lui-même, le grand-prêtre du culte de la Raison, l'essaya d'abord avec quelque succès, mais ce ne fut pas de longue durée.

Le 27 brumaire an II (19 novembre 1793, vieux style), une députation, à la tête de laquelle se trouvaient des femmes couvertes du bonnet rouge, se présenta au conseil-général de la commune de Paris. A cette vue, les murmures les plus violens se manifestèrent dans les tribunes, d'où partirent les plus vives apostrophes. *A bas le bonnet rouge des femmes !* Les cris redoublèrent par la persistance à le garder de celles qui le portaient, et le bruit fut si grand que le président se couvrit. Après une interruption prolongée, il reprit la séance, en invitant les tribunes à l'ordre.

Chaumette, qui exerçait les fonctions d'agent national de la commune et qui jouissait alors d'une grande popularité, demanda la parole pour une motion d'ordre :

« Je requiers, dit-il, mention civique au procès ver-
» bal, des murmures qui viennent d'éclater; c'est un
» hommage aux mœurs ; il est affreux, il est contraire
» à toutes les lois de la nature qu'une femme veuille se
» faire homme. Le conseil doit se rappeler de ces fem-
» mes dénaturées, de ces *Virago* qui, il y a quelque temps,
» parcoururent les halles avec le bonnet rouge, pour
» souiller ce signe de la liberté, et voulurent forcer tou-
» tes les femmes à quitter la coiffure modeste qui leur
» est propre. L'enceinte où délibèrent les magistrats du
» peuple doit être interdite à tout individu qui outrage la
« nature. »

Un de ses collègues, qui siégeait avec lui au conseil, l'interrompit :

« Non, s'écria-t-il, la loi leur permet d'entrer, qu'on
» lise la loi... »

Chaumette reprit aussitôt :

« La loi ordonne de respecter les mœurs et de les faire
» respecter. Or, ici je les vois méprisées... Eh ! depuis
» quand est-il permis d'abjurer son sexe ? Depuis quand
» est-il décent de voir des femmes abandonner les soins
» pieux de leur ménage, le berceau de leurs enfans,
» pour venir sur les places publiques, dans les tribunes
» aux harangues, à la barre du sénat ? Est-ce aux hom-
» mes que la nature a confié les soins domestiques ? Nous
» a-t-elle donné des mamelles pour allaiter nos en-
» fans ? »

La suite de son discours fut toute dans le même esprit. Il cita l'exemple de Mme Roland et de l'Olympe de Gouges, dont il accompagna les noms d'épithètes injurieuses :

« Rappelez-vous, leur dit-il, cette femme hautaine
» d'un époux sot et perfide, la Roland, qui se crut pro-
» pre à gouverner la République, et qui courut à sa
» perte.... Rappelez-vous l'impudente Olympe de Gou-

» ges, qui, la première, institua des sociétés de fem-
» mes, qui abandonna les soins de son ménage, pour
» se mêler de politique, qui a été convaincue de cons-
» piration contre la République, et dont la tête a tombé
» sous le fer vengeur des lois. »

La péroraison fut une sorte d'apostrophe à laquelle il donna une couleur toute pastorale : « Femmes impuden-
» tes, qui voulez devenir hommes, n'êtes-vous pas assez
» bien partagées? Que vous faut-il de plus? Votre des-
» potisme est le seul que nos forces ne peuvent abattre,
» parce qu'il est celui de l'amour, et par conséquent
» l'ouvrage de la nature. Au nom de cette même nature,
» restez ce que vous êtes; et, loin de nous envier les
» périls d'une vie orageuse, contentez-vous de nous les
» faire oublier au sein de nos familles, en reposant nos
» yeux sur le spectacle enchanteur de nos enfans heu-
» reux par vos soins. »

Les femmes, rapporte le procès-verbal de la séance, couvertes du bonnet rouge, remplacent aussitôt ce signe respectable par une coiffure convenable à leur sexe.

Le discours fut couvert d'applaudissemens; et, sur la proposition de l'orateur, le conseil-général de la commune décida qu'il ne recevrait plus de députations de femmes.

Mais cette proscription des femmes, mises en quelque sorte hors de la vie politique, ne pouvait subsister au milieu de l'effervescence des esprits et des passions de l'époque. On discourait alors partout, à la commune, aux Cordeliers, aux Jacobins, aux clubs affiliés et à la Convention. Les femmes assistaient à tous ces débordemens de harangues révolutionnaires et elles n'auraient été que simples spectatrices, sans pouvoir placer un seul mot!.... C'était, on le pense bien, un état intolérable pour elles; aussi ne tardèrent-elles pas à s'en affranchir. On leur avait défendu les députations, les pétitions en corps ; elles les firent individuellement, et il ne fut pas rare d'entendre des voix féminines et criardes partir du haut des tribunes des diverses assemblées, pour demander la parole ; et, après l'avoir obtenue, exprimer énergiquement, et surtout avec volubilité, leurs vœux et leurs opinions. C'était principalement aux séances des Jacobins qu'elles se faisaient entendre. D'ailleurs, le crédit de leur antagoniste baissa ; Chaumette porta, comme on le sait, sa tête sur l'échafaud, peu de jours après Danton et Camille Desmoulins.

Ces bonnes citoyennes, patriotes et révolutionnaires par excellence, finirent par avoir l'assentiment implicite de Robespierre, dont elles applaudissaient les discours dans les tribunes de la société des Jacobins et de la Convention, où elles étaient fort assidues ; ce furent les fameuses Tricoteuses.

Dans la séance de la société des Amis de l'Egalité et de la Liberté, dénomination officielle du club des Jacobins, le 29 nivose an II, une citoyenne, habituée des tribunes, prit la parole et se plaignit qu'on mettait les patriotes au désespoir dans leurs sections, en leur refusant des certificats de civisme. « Ce ne sont, dit-elle, que les
» fédéralistes qui les obtiennent. On dit tout haut dans
» les sections qu'on ne veut pas se laisser conduire par
» cette société, le plus ferme soutien de la République.
» Il est plus difficile aujourd'hui de placer un patriote
» qu'un aristocrate. »

Elle désigna spécialement la section de *Guillaume Tell*, où elle poursuivait depuis long-temps la destitution d'un aristocrate, sans pouvoir l'obtenir. Sans doute, celui qu'elle signalait ainsi sous la dangereuse qualification d'aristocra.e, n'avait à se reprocher que quelque grief personnel à cette irascible républicaine. Il n'en fallait pas cependant davantage pour lui faire perdre la vie ; car la guillotine servait alors à ce qu'on appelait : *mettre au pas les aristocrates.*

Les femmes ne se bornèrent pas à participer aux orageuses discussions des Jacobins ; elles se glissèrent jusques à la barre de la Convention. Au commencement de la séance du 29 pluviose suivant, une citoyenne, mère de dix enfans, qui tous paraissaient avec elle à la tribune, demanda à y lire une pétition, ce qui lui fut accordé. Elle réclama son mari, qui avait été arrêté et incarcéré à Reims, comme suspect de modérantisme, malgré les preuves constantes qu'il avait données de son patriotisme. Elle énuméra tous ses titres et ceux de sa nombreuse famille à la bienveillance de la Convention nationale. Le Président, porte le *Moniteur*, lui fit une réponse pleine de sensibilité et lui accorda les honneurs de la séance. Une discussion assez vive s'engagea à ce sujet : quelques membres s'opposèrent à ce que la Convention fît une exception en faveur de cette famille, et demandèrent le renvoi de cette affaire au comité de sûreté générale. D'autres prirent chaudement sa défense. Le député Simon se fit remarquer :

« Comment empêcher, s'écria-t-il, la société de s'attendrir sur le sort d'une famille, qui paraît, au physique comme au moral, un chef d'œuvre de santé, de vigueur, ainsi que d'innocence et de vertu.

« On a accusé, continua-t-il, leur père d'être suspect de fédéralisme ; il faut définir ce crime. Le Feuillant est l'homme pervers dont il faut se défier, l'homme sec, à l'air rêveur, qui ne regarde personne en face, crie bien haut contre les gens suspects, et fait souffler ensuite l'ordre du jour sur les gens suspects. »

Cette réclamation fut, en définitive, recommandée à l'examen des comités du gouvernement.

Après le 9 thermidor, les femmes qui concouraient ainsi aux débats révolutionnaires, subirent le contrecoup de la disgrâce des Jacobins, leurs protecteurs, et dont elles étaient les dignes émules. Les noms des plus célèbres d'entr'elles furent voués au ridicule. C'est ainsi que la fille du menuisier Dupleix, qui passait pour avoir été la maîtresse de Robespierre, qu'on appelait son premier ministre, et devant laquelle tout fléchissait pendant le règne de Maximilien, reçut le sobriquet de *Cornélie Copeau*; c'est ainsi qu'elle fut même désignée dans un rapport fait à la Convention par Dubois-Crancé, le troisième sans-culottide de l'an II. (1).

Voici à quelle singulière occasion le sobriquet de *Cornélie Copeau* trouva sa place dans ce document officiel, où il s'agissait de rechercher les moyens d'établir le commerce, l'agriculture et les arts ; mais le conventionnel, le révolutionnaire ne pouvait s'empêcher de parler la langue du lieu et du moment :

« Depuis Marie-Antoinette, dit-il, jusqu'à Cornélie
» Copeau, depuis Louis XVI, jusqu'à Robespierre, en
» cinq années de mouvement, nous avons vu passer tous
» les conspirateurs, dont l'histoire ancienne a pu four-
» nir les modèles. »

Quel étrange rapprochement !... Marie-Antoinette et la fille Dupleix, Louis XVI et Robespierre, celui que, naguères, dans un moment de généreuse indignation, le président actuel de l'Assemblée législative a si justement flétri avec l'histoire, tandis que d'autres osaient le louanger !...

Le *Moniteur* imprime en italique le nom de Cornélie Copeau, et ajoute au bas de la page la note suivante :

« La fille Dupleix, le premier ministre de Robespier-
» re. On l'appelait ainsi parce que Dupleix était me-
» nuisier. »

On va vite en révolution ; deux mois ne s'étaient pas

___

(1) *Moniteur* du 1er vendémiaire an III. (Lundi, 22 septembre 1794, vieux style).

encore écoulés depuis la chute de celui, qui avait été si longtemps le patron révolutionnaire de la famille Dupleix et le dominateur des comités et de la Convention !...

Les femmes participèrent encore aux divers mouvemens, qui eurent pour objet de faire revivre la Terreur de 1793. Par suite de la réaction, qui fesait chaque jour de nouveaux progrès, la Convention avait décrété, le 8 février 1795, l'enlèvement du buste de Marat du lieu de ses séances. Le lendemain on exécuta ce décret ; quelques instans avant l'ouverture de la séance, les tricoteuses des tribunes, qui s'y étaient donné rendez-vous, tâchèrent de s'y opposer par leurs vociférations et leurs cris de fureur. Elles excitèrent quelques représentans à se démontrer en faveur de la cause démocratique ; mais les temps étaient changés, et les voix de Duhem et de Ruhuamps n'eurent pas d'écho; on passa à l'ordre du jour. Ces furies ne retirèrent d'autre profit de cette levée de boucliers que d'entendre, avant la fin de la séance, l'orateur de la section des Amis de la Patrie, admis à la barre de la Convention pour la féliciter, appeler les Jacobins *une horde impie, enfantée par le crime* !...

La dernière tentative révolutionnaire, à laquelle les femmes prirent part, fut celle du 1er prairial. Dans le plan de cette conspiration, où le Jacobinisme fut, du moins alors, terrassé pour longtemps, les femmes devaient être mises en avant, et préparer les voies aux hommes, qui viendraient ensuite les seconder. On espérait par ce moyen désarmer en quelque manière la Convention, qui n'oserait faire tirer sur les femmes. Celles-ci s'acquittèrent à merveille de leur rôle. C'est elles qui remplirent les tribunes, ivres de fureur et de vin, et firent entendre les cris forcenés : « *Du pain! du pain!*... Elles envahirent les bancs de la Convention ; elles menacèrent les députés de la majorité, et surtout l'énergique et malheureux Féraud, le digne et courageux Boissy d'Anglas, qui présidait la séance. On sait quelle fut l'issue de cette émeute : la Convention resta telle qu'elle était depuis le 9 thermidor et les députés qui avaient coopéré à ce mouvement, furent proscrits ; avec eux, disparurent de la scène politique les fauteurs du Jacobinisme, tant hommes que femmes.

FIN.

Toulouse, imprimerie d'Aug. HENAULT, rue Triprière, 9.

www.ingramcontent.com/pod-product-compliance
Lightning Source LLC
Chambersburg PA
CBHW060625050426
42451CB00012B/2429